# WATCH YER LANGUAGE

## KAT CONNELLY

Connect with Kat:
Instagram: **@yer_awrite**

## DEDICATION

Fur ma maw, wee Liz. Ma hero.

Fur ma da, still loved and missed by us aw, every single day.

# CONTENTS

## ACKNOWLEDGEMENTS

Tae the team. Ye's know who ye ur. We'll toast the achievement that av actually managed tae produce a wee book instead ae talking aboot it, in celebratory style - Irn Bru and salt and vinegar discos fur aw. Yaldi. The Yer Awrite supporters, every single wan ae yous huv made me feel like a kin share ma thoughts, writing and creativity freely and that's an absolutely majestic feeling. Ta very much.

# SOUTHSIDE

A cultural melting pot
Fur as long as a kin remember actually
Diversity hus bloomed
Exotic fragrances huv filled the air
Drifting fae open kitchen windy's
In and oot ae hooses
Travelling wae a freedom we've come tae expect.
Eclectic dressers oan the street
Anyhing goes.
The air ae judgement is distant
The time is a time ae respect.
Multi coloured fabrics adorn the shoap windy fronts
A pub oan each corner roots familiarity.
Creativity is in the postcode
Community hus become a religion.
Summertime brings a carnival ae colour tae the streets.
Authentic delis and restaurants provide the feasts.
The windy's ae the tenements ur galleries ae art.
Attractive, unique.
There's an element ae purposefulness among the natural art.
A'body knows a'body
And a'body's business is hung oot like a white washin oan a scorching
day.
Neighbours become family
The githerness is real.
Every street tells a story.
Tall tales galore
It's mer than folklore though.
An educational institution in itsel.
The climate and culture will raise ye.
The life lessons will make ye.
This is the Southside.

# PEOPLE MAKE GLASGOW (LOCKDOON 2020)

Everyhing we knew, ripped away fae us.

Isolation wis the new normal.

Devastation wis the new feeling.

Heightened hysteria fae weekly updates.

Fear ran through the city like the Clyde if it burst it's banks.

People make Glasgow that's whit they say.

But who ur we withoot each other?

Life as we knew it changed furever.

Faced wae lonliness and so much isolation

We mourned fur oorsels and oor wee nation.

Hidden faces, track and trace.

New agendas, varying rules.

Tiers that brought real tears.

People make Glasgow that's whit they say

Nae danger that's true cause we certainly dae.

Every inconvenience brought resilience

Rallying roon brought unity in the community

Kindness replaced fear.

Relief.  Compassion. Empathy in the air.

Fresh air helped us breath when the wind got knocked oot oor sails.

Creativity powered communication.

Gabbing, talking, chatting, blethering.

It felt so good tae talk aboot everyhing and anyhing.

We shoaped local, supported in the masses.

A lockdoon couldnae keep us doon

Faith in humanity restored in this toon.

Twenty twenty wis absolutely plenty

Twenty twenty wan we wur awready fans

People make Glasgow, real people that's who

We're still picking up the pieces in twenty twenty two

People make Glasgow that's whit they say

Where there's hope, we'll always find a way.

Is whit it is and it's in oor DNA.

## STOAP BOTTLIN IT UP

A stolen life.
Yer a scumbag thief.
Poison masquerading as medicine.
Ye haud aw the answers, his closest companion but yer nae pal.
Hatred fur ye like av never known.
Awol is the new location.
Nae recollection and nae explanation.
Wicked schemes sailing through his blood stream.
He hings aboot wae ye tae forget.
Regret.
He cannae talk tae me, he wants you tae listen.
Silence.
You wullnae answer back.  That's the easy life.
Control is lost.  A future is bleak.
The energy tae carry oan the gither is weak.
Time goes oan.
Same auld same.
Nuttin changes.
Wae time passing by comes periods ae reflection
A blamed you but a wis projecting rejection.
Perspective gained.  It's no aboot you anymer, it's aboot him.
Yer relationship the gither hus became mer than a fling.
But you don't mean a hing tae him.
Yer a crutch, a distraction, temporary happiness.
And in the end he chose you o'er me.
In a culture like oors, a kin see how tempting that kin be.
Recovery a hope will make fur a life the gither lost.
A revive religion when am desperate.  Am desperate.
A pray for a restored mental health.
Fur him tae heal instead ae numbing the pain.
A pray fur him tae stoap bottlin it up.

## SHE

She wis oot hersel.
She wis oot wae her pals.
She wis drunk.
She wis sober.
She wisnae wearing much claes.
She wis dressed in layers.
She wis jogging.
She wis walking.
She wis wearing high heels.
She wis wearing trainers.
She wis in the park at night.
She wis oan the street in daylight.
She got inty the taxi.
She got inty the taxi wae pals.
She met him that night.
She knew him fur years.
She wis promiscuous.
She wis frigid.
She didnae hink it wis aw men.
She wis scared it wis aw men.

Men, staun up, represent.
Talk louder wae each other aboot consent.
Call oot harassment in yer friendship groups.
Switch up the dialogue.
Role model.
Actions speak louder than words.
Show acceptable behaviour.
Educate.
Be the change we need tae see.
She wants tae feel safe.
She wants tae live freely.
She wants tae live.  Period.

# KENMURE STREET

Unlawful and inhumane in order tae detain
Those minorities wae the quietist voice
Forced oot waethoot a choice.
People make Glasgow
"These ur oor neighbours, let them go"
These people built oor city
"Let them go" hundreds roared.
And the hundreds came oot waethoot fright
Tae protect those who wur vulnerable who wur losing their rights
"Naw, no the day" they said, "naw no ever"
The people in Pollokshields didnae even quiver.
The crowd ye see were stronger than the authority
Strong in the majority, sticking up fur the minority
Naw, no the day no ever, there'll be nae conformity
No when human lives remain oor priority
The gathering ye saw that day wis pure unity
There'll be nae division in this community.
The people carried oan wae solidarity and grace
And will always dae so in this dear green place.
Their freedom is ma freedom, it's oor freedom and oor right
The people came the gither, wan purpose tae unite.
Gien power tae the powerless
And a voice tae the voiceless
Deafening claps and loud cheers
Drooning oot the sound ae fears.
The vans drove away empty that day
The people hud the final say.
They celebrated differences by making a difference
Kenmure Street 2021, the gathering ae resistance.

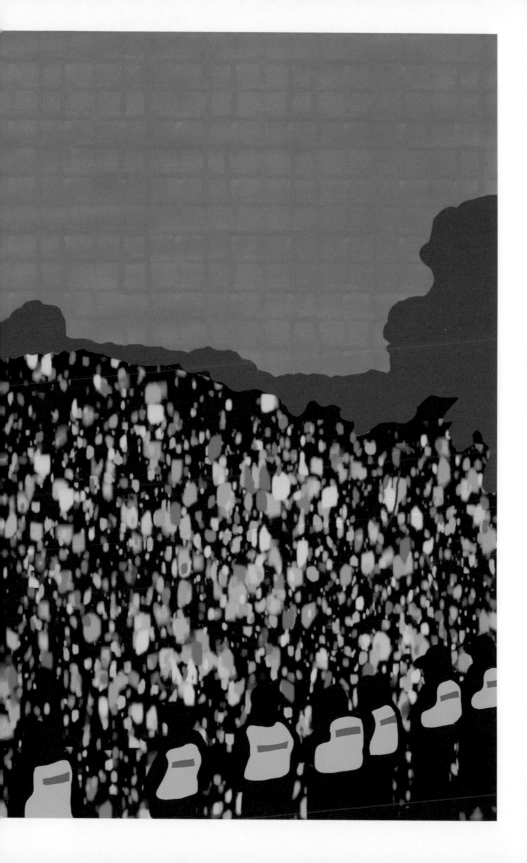

# GIES A GRAM

Eyes open, ye need yer fix.
Rattlin fur likes, shaking fur shares.
Physical pain fur a mental condition.
Scroll. Eyes wide open.
Consuming squares.
Buying inty the lies.
Comparison.
Yer no good enough.
Yer a joke, except naebody finds ye funny.
Scroll faster.
Faster still.
Let go until ye faw.
Plummeting inty a deep dark hole ae despair.
The land ae the filters.
Nuttin is as it seems.
Disillusioned illusions.
Warped visuals. Heid fucks.
It's too loud.
The voices in yer heid wullnae quiet.
They're aw better than you.
Negative thoughts gain momentum.
That familiar sinking feeling takes o'er.
Whit's the point?
Ye hate yersel.
The grid is a prison, the squares ur cells.
Naebody knows how tae be theirsel.
The life's they're living don't exist.
Much like perfection. It's manufactured.
Fuck it.
Whit dis any ae this even mean?
There's mer tae life than whit's oan yer screen.
Live yer life in real time. Be present.
Wake up properly and open yer eyes.

## WE ANSWER BACK

Tae hell wae the days where we're silenced
The days where we're constantly judged
Where oor opinions ur tossed aside
An oor characters dragged through the mud
Naw, we'll no be huvin a smear campaign
Tae deflect, ridicule and cause us shame
Where mental health is joked aboot and we're labelled as 'insane'
We answer back.
Years ae change huv taken place
So we kin huv a safer space
Tae feel included among the masses
And raise stronger wummin fae wee lassies
We answer back.
We speak loud and we speak clear
We choose tae challenge o'er fear
There's still a long, long way tae go
But we want generations tae come, tae know
We're world leaders, movers and shakers
We've always been the givers but we've a right tae be the takers
We contribute in ways unshown
And role model in ways unknown
We answer back.
We gained confidence, found oor voice
Cheers tae the wummin that helped us make noise
Yous paved the way so we could follow
Yous gave us wummin a brighter, safer the morra
Yous focused oan whit we kin dae and no oan whit we lack
Yous taught us strength.
Noo because ae you, we answer back.

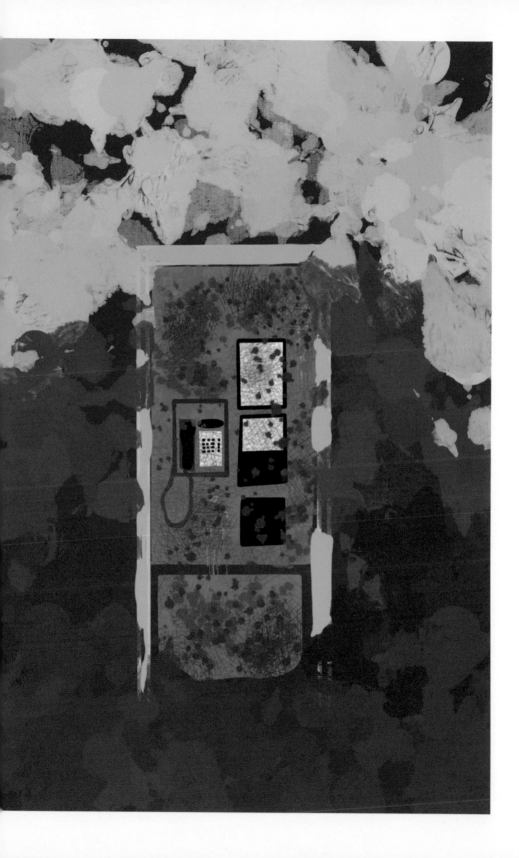

## THEY?

"Hiya 'mon in"
Wish she'd hurry up and leave.
"Jist make yersel at hame"
Don't get too comfy though.
"It's good that yer confident, nice tae see"
Absolutely full ae hersel.
"A really like yer claes"
Mutton dressed as lamb.
"A jist need tae send a photy ae ye tae ma pal"
We'll get a good laugh at her.
"Ye look like ye've put oan weight"
She wis ay too skinny.
"Heard ye got a new joab?"
She's aw o'er the place.
"Good yer daen well"
She hinks she's s'uhin noo.
"Ye should come back soon"
Don't come near again hen.

They want ye tae dae right and never dae wrang
Cause they're judge and jury ae ye aw alang.
They ur society that's let oan the loose
Tae filter through yer screen and come inty yer hoose
Hurt people, hurt people but that's nae excuse.

Sticks and stones may break yer bones but words kin also take yer life
They need tae hink aboot that the next time they pipe up.
Who even ur they?

## HINGING IN TIME

See the day ye went away
It wis heavy weird as fuck
Like a timer draining itsel a sand
And luck running oot ae luck
We knew whit wis gauny happen
So we tried tae savour the time
And a thought aboot how much a loved ye
And how grateful a wis ye wur mine
And a telt ye how a felt
And ye reciprocated the feelings
And that moment hings in time fur me
Wae a weight ae priceless meaning
There's no a day goes by when yer no oan ma mind
Ye wur many hings tae many but always wan ae a kind
Grief knows no boundaries or abides by rules ae time
It's still fuckin painful when ye cross ma mind
Grief masks anger and resentment fur a while
It's whit keeps me gaun and able tae smile
Cause when ye lost yer fight it wis so unjust
And a didnae wanty carry oan but they said a must
A couldnae haunle ma ain pain but a wis there fur others
Ye didnae jist leave me, ye left ma brother and ma mother
And ma heart broke fur masel but it shattered fur them
And a wanted s'uhin or somebody tae blame
Ye wur too young tae go and hud so much left tae dae
But we go again daen't we, that's whit they say
A love ye, a miss ye and am still sad we parted ways
Until next time da, thanks fur aw the days.

# IT WIS AW A DREAM

It wis aw a dream
Jist a wean fae the scheme
Social circumstance driving the young team
Proud ae how we talk, how we write, oor Glesga roots
Never ashamed tae huv rocked heart ae gold and shell suits

We want mer fur oorsels but we don't know yet
Don't want a bunch ae upper class
Tae huv oor future set
Heid in the books, keep oorsel tae oorsel
Whitever we kin dae, dae it well
But we're no feart tae rebel
Be oorsel, who gies a fuck whit they say?
We kin start a fresh if we wanty every single day

We never thought we wid get this far
Gaun further still till we reach the stars
Know oor worth, nuttin comes fur free
Get paid, valuing oorsels is key
We wurnae born a winner, nae silver spoon in oor gub
Used tae eat microwave meals oot the tub
Big shout oot tae the team that believed
Cause they asked and noo they'll receive
We're daen well, we're oan the right path
Acknowledge it, relax and laugh
Phone the hoose, different number new scheme, whit a dream
Still the same inside.

We don't need tae be a negative product ae oor environment.
And if we don't know, noo we know.

# PANIC

Right oot ae naewhere ma heart starts tae race
A don't gie a fuck, a need oot this place
Walking speeds up, am at a much faster pace
Gauny jist staun back a'body a need some space.
Ma heart is pounding, am literally gauny die
This is a heart attack, nae word ae a lie.
This isnae normal, it's deeply upsetting
Body is in meltdoon, am ridiculously sweating.
Am gauny pass oot, am literally gauny faw doon
Please god, 'mon noo, this hus tae end soon.
A cannae breath, a hink am gauny choke
Ma chest is tight and am taking the boak.
Aw that's it, am gauny faint, am aw dizzy
Am built up tae a frenzy in a right fuckin tizzy.
This disnae feel real, am no in control
Am watching ma body fae the eyes ae ma soul.
Am pretty sure am dying and a don't know whit tae dae
Aw this is gaun oan but a don't know whit tae say.
A cannae shout oot even if the words wur there
Am too young tae die, this isnae fair.
Ma brain is foggy am struggling tae explain
Tae people watching a must look insane.
Like av flipped ma lid or lost ma shit
But this is ma life, this is it.
A constant battle againt these sensations
Gaun tae war wae masel isnae an exaggeration.
Ma heart rates slowing, ma body is numb
Panic attack o'er, am exhausted and drained
A need whit's gaun oan inside ma heid better explained.
The morra al deal wae the aftermath, al reach oot fur help.
There's always folk that kin help.

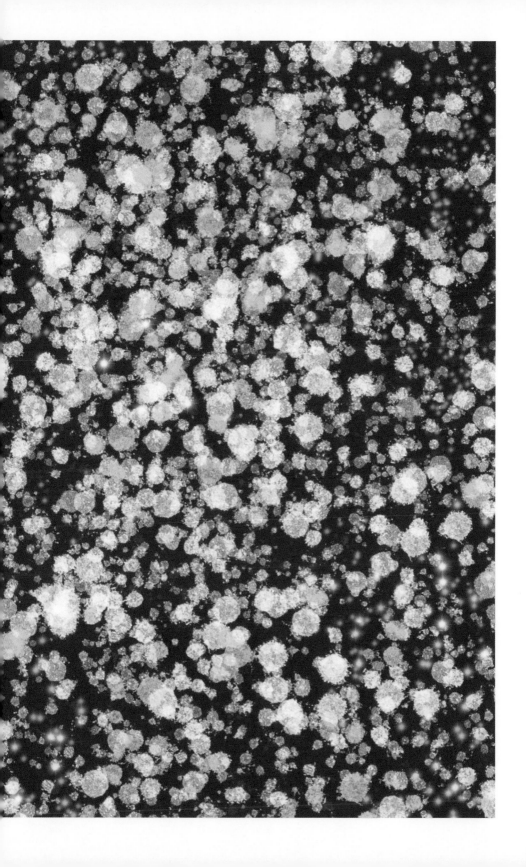

## DIVORCED NO DEID

The wedding bands came aff
That's whit made it real.
There wis an indentation left oan ma finger
Felt like ad been branded and that it wid last furever
Like a label oan damaged goods
Prewarning future prospects
Devalued me somehow
The underlying tone ae failure didnae sit well wae me.
A didnae fail
It jist didnae work oot
The guilt and shame took o'er
Whit is wrang wae me?
Why am a no enough?
Darkness set in
It wis quiet but no peaceful.
It eventually started tae crack
Streams a light flooded through.
The light brought hope
A freshness, a new start
A rebirth if ye will.
Then came the grieving stage.  The real wan.
Letting go ae her
Her that a used tae be
Him that a used tae know
Us that hud a future
Greetin painful tears.
Release. Relief.
Am no who a used tae be
Am becoming who am meant tae be.
Separation created limitations ae masel in ma heid
Am divorced aye, but am no deid.

# AW IN OOR HEID

Sometimes a vacant space
Where nae visitors appear.
Sometimes overwhelming
Like Buchanan Street at Christmas
When people fight tae get by each other
Elbows thrown, frustration in the air
There's nae room tae breath
There's nae happy medium
There isnae an in between.
Navigation is difficult
Feelings ur extreme.
Negativity looms because the thoughts want oot.
Thoughts affect reality.
Empty thoughts or thoughts a plenty.
Heidaches become heartaches.
Confusion is a familiar auld pal.
The safest option is tae switch aff.
How?
There isnae a switch tae flip
It's no as easy as a mindset
Positive propaganda disnae help.
Breath.  Be present.
Inhale. Exhale.
Be still.
We're in control.
Change oor environment.
External space becomes internal safety.
Dae whit needs tae be done.
Create oor ain peace.
Peace ae mind.
Its aw in oor heid.

# GROWING UP

Caravans, chippy teas and biscuits wur a treat.
Money wisnae freely available.
Fun and family wis.
An emphasis oan survival wis an early instinct
But the school grades didnae matter as much.
There wis nae pressure there.
Whit wisnae there in a material sense wis there in love.
Hardships and hard times
But we wid never know at that age
The cost ae sacrifice tae ma maw or ma da
Tae make sure we never went withoot where possible.
A wisnae allowed in the bookies
Ma da wid make me staun ootside
Every time the door opened and a hoped it wis him
A wis met wae the stale smell ae cigarette smoke and drink
We'd go tae the shoap efter and he'd get me a mixture.
Ma maw wid make the dinner.
Fish oan Friday's. Roasts oan Sundays.
Whitever she could put the gither oan the other days.
They knew the world and how cruel it could be. A didnae.
They wur strict wae me and a knew better than tae question.
But as a got aulder a did.
A rebelled. A wanted tae experience the world.
A wisnae as prepared as a thought a wis.
Chip oan ma shoulder. Too much tae say fur masel.
In contrast a wis an introvert wae mass anxiety
These the gither didnae seem tae marry.
Av failed at many hings o'er the years in society's eyes
But av succeeded at many hings in ma ain eyes.
The growing pains don't stoap when yer a teenager ye know.
Ye grow aw yer life. In many ways and in many directions.
When ye stoap growing as a person ye wilt, ye die.
Nourish yer soul. Take it aw in. Keep growing.

## BEAUTIFUL

She wis pure stunnin
But she didnae even know.
Her inner beauty radiated oan the ootside ae her body like a polis torch
being flashed in a motor windy
It wid blind ye
But she wis blind tae it.
She wore kindness like an auld soak
Faithful till the end
Wid never let ye doon.
The boys wur ay asking fur her number
She didnae know why
Probably tae take the piss she thought.
She hated the mirror in her bedroom cause it always reminded her she
wisnae good enough.
She struggled wae that ooter layer
A'body gets tae see that wan and judge her based oan that layer
She hated that.
She hud flaws which she gave hersel
She hud a million hings she wid change aboot her looks in a heartbeat
She hud demons in her heid pulling her self esteem doon.
She never judged people based oan their looks
But she widnae ever believe that people widnae dae that tae her
It wis madness. Hypocritical.
Then he saw her.
Fur aw that she wis, aw that she is.
And he made it his mission tae make her see herself tae.
Through his actions and his words.
Consistency every day.
The consistency wis a beautiful hing.
She learned tae love whit she saw in that bedroom mirror.

## BETTER DAYS

Fur every drap a rain
There's a rainbow
Fur every storm
There's a breeze
Fur every winter
There's a summer
Fur every dark night
There's a bright day
Fur every feeling ae despair
There's a feeling ae hope.

Cling oan tae the hope.
Tight grasp.
Nae letting up.
Nae letting go.
Haud oan.

Better days will come.
The rough days won't last furever.
They cannae.
There's too much good in the world fur them tae be a constant.
Too much kindness and in the kindness ae others ye huv tae believe.

Fur every tear
There's a smile
Fur every angry voice
There's a hearty laugh
Fur every letdoon
There's an opportunity
Fur every love lost
There's a life lesson
Fur every shite day
There's a better wan

Moments, phases and feelings aw come and go,
The trick is tae let them pass.

# HIYA FAE THE AUTHOR

Ma name is Kat, a live in the Southside ae Glasgow and am the creator ae Yer Awrite (**@yer_awrite**) which is an online Scottish positivity blog that raises awareness and fae time tae time funds fur mental health aw while championing Scots Leid. If ye've followed me o'er oan Instagram fur a while then ye'll know a like tae fling ma positive patter aboot the place coupled wae ma childlike drawings (creativity is subjective though eh?). Both they hings though, and ma love ae the Scottish language and spoken word poetry huv brought me tae here. Av always loved writing as a creative ootlet and av always found it tae be crucial fur ma mental health. Being able tae share a few spoken word poems wae yous in book form is jist an unbelievable hing fur me. A hope this book finds ye well and that even in some small way it resonates wae ye. Cheers fur the support but like cheers a million times o'er. Much love and aw'ra best,

Kat fae the block (the second wan) x

## ILLUSTRATION INFO – INSPIRED BY…

'SOUTHSIDE' – Tenements in Shawlands, Glasgow.

'PEOPLE MAKE GLASGOW' – The Glasgow Coat of Arms.

'STOAP BOTTLIN IT UP' – Litter in public parks.

'SHE' – Glasgow Girls mural at SWG, originally painted by street artist Inkie. (Permission to reference Inkie's work granted).

'KENMURE STREET' – Pollokshields protest 2021.

'GIES A GRAM' – Duke of Wellington at Royal Exchange Square.

'WE ANSWER BACK' – Auld phone boxes in schemes across Glasgow.

'THEY' – Glasgow Police Box, corner of Buchanan Street & Gordon Street.

'HINGING IN TIME' – The Western Necropolis, Glasgow.

'IT WIS AW A DREAM' – The infamous traffic cone from the Duke of Wellington feat. a Biggie style crown.

'PANIC' – The inner workings ae a panic attack.

'DIVORCED NO DEID' – House of an Art Lover, Bellahouston, Glasgow.

'AW IN OOR HEID' – Floating Heads in Kelvingrove Art Gallery and Museum.

'GROWING UP' – The Barras Market, Gallowgate, Glasgow.

'BEAUTIFUL' – Botanic Gardens, Glasgow.

'BETTER DAYS' – Glasgow tourism campaign, 1980s.